NISIDA BORTONE FRAINETTI

Poems
SLIDES
Poesie

Titolo | Slides
Autore | Nisida Bortone Frainetti

ISBN | 978-88-91195-47-0

Youcanprint Self-Publishing
Via Roma, 73 – 73039 Tricase (LE) – Italy
www.youcanprint.it
info@youcanprint.it
Facebook: facebook.com/youcanprint.it
Twitter: twitter.com/youcanprintit

Cover illustration: *Daffodil* by Mimma Todoli (1931-1986)
In copertina: *Giunchiglia* di Mimma Todoli (1931-1986)

NISIDA BORTONE FRAINETTI

Poems

SLIDES

Poesie

Le "lacrime in tasca" e la gioia di scrivere

"Altre leggi, nero su bianco, vigono qui. [...]
C'è dunque un mondo
di cui reggo le sorti indipendenti?
Un tempo che lego con catene di segni?
Un esistere a mio comando incessante?
La gioia di scrivere.
Il potere di perpetuare.
La vendetta d'una mano mortale".
(Wisława Symborska, *La gioia di scrivere*).

Nel vuoto pnuematico della memoria affiorano *slides* in cui prendono forma i volti e le parole che la falciatrice del tempo, il *giardiniere zelante*, (*the zealous farmer*) non ha ancora cancellato.

Slides è la prima silloge di Nisida Bortone Frainetti: 51 componimenti in inglese, quasi tutti sonetti shakespeariani, con testo in italiano a fronte. Come già in *Waiting for Godot* di Samuel Beckett, a fare da diaframma all'affacciarsi irruente dell'emozione viene in soccorso la lingua straniera, la lingua della ragione, quella imparata a scuola e insegnata. È in questa lingua che nasce l'ispirazione poetica, non nella lingua degli avi, lingua di passione e di affetti usata per la traduzione nella sua forma "grammaticale", standard, quasi a gettare acqua sul fuoco di una materia affettiva troppo incandescente.

Non manca un esempio di linguaggio "postgrammaticale" (per usare un'espressione cara a Gianfranco Contini a proposito del linguaggio di Pascoli) in *The restless young man*, che racconta del nonno paterno che andò in America e della figlia che in seguito fu soprannominata "watergopastastop", espressione usata dal padre per comprare uno *scolapasta* in America, nella sua lingua babelica da emigrante.

Con la sensibilità della signora Ramsay, quando in *Gita al faro* pensa: «Nelle vite già trascorse,/ nelle vite che vivremo/ è un perpetuo rinverdire[1]», l'autrice raccoglie in quest'album di poesie le foto più belle del passato, del presente e del futuro, quelle che non sono state ancora scattate (*the best slides in your life haven't yet been shot*), consapevole che *le poesie più dolci sono quelle che / stanno ancora aspettando di essere scritte* (*the ones that are still waiting in your pen/ Are the sweetest you'll ever give life to*). Divisa in tre sezioni temporali (*Passato, Presente, Futuro*), il nastro della vita si snoda nella *plaquette*, tra gli argini della vita familiare. I ricordi e i pensieri si coagulano in scene di vita quotidiana in cui si avvicendano persone care del tempo che fu e persone care del tempo presente cementate dall'affetto, ma anche dalla saggezza degli avi, in particolare del nonno, divenuto ormai un nume tutelare della famiglia, che soleva raccontare storie per ingannare il tempo. È proprio a partire dal lontano 1913, quando il nonno partì per il nuovo mondo, che ha inizio la "saga" della famiglia, per cui prevale nel libro un andamento narrativo quasi poematico, che ricorda vagamente *La camera da letto* di Attilio Bertolucci. Di questi tre momenti in cui è suddivisa la raccolta, il tempo passato è il tempo della nostalgia, da cui il soggetto lirico mette in guardia un non ben precisato "tu" dal sapore montaliano, affinché non si lasci irretire da un sentimento che arresta il flusso vitale, ne spegne la luce e fa prevalere il buio (*darkness*). La cura è il tempo presente, quello della *vita attiva* (*active life*), in cui prevalgono le azioni che contengono l'essenza stessa della vita: *to teach* e *to learn*. Nella catena dei giorni, tutti hanno qualcosa da imparare e da insegnare, anche gli spiriti semplici, come il lare della famiglia, il nonno, che insegnava che *"la vita è un'affacciata di finestra"* (*life is just a glance out of a window*), con l'insolita saggezza che chi vive radicato nel presente riesce a trovare nelle cose solite e ordinarie. Ma *dato che il tempo non è che una categoria della mente*, il vero tempo è agostinianamente quello futuro dell'attesa e della speranza a cui tende l'amore materno e l'amore di Dio. A Dio è dedicato il primo componimento innodico di ringraziamento: *God, I want to thank*

---

[1] La traduzione citata è quella di Giulia Celenza, edita da Garzanti

you. In colloquio diretto con Dio, l'autrice lo ringrazia delle parole della madre; delle carezze del padre; dei capricci dei figli; ma anche delle pietre degli stolti che con luci ed ombre, gioie e tristezza hanno plasmato la sua anima, nata non per apparire, come una *muta modella*, ma *per pensare* e *per parlare*: *you were not born to be a dumb model;/ he knew - you were born to think and talk.*

Nata con le "lacrime in tasca", come tutta la famiglia da cui discende − così confessava l'autrice durante una conversazione − ha saputo dare una veste poetica a quelle lacrime che sono l'espressione non solo della sofferenza, del lutto e della malinconia per le persone e le cose che immancabilmente si perdono nella vita, come un *aquilone* portato dal vento e caduto *in un dirupo*, ma sono anche lacrime di gioia. La gioia di scrivere poesie, anche questa ereditata. La gioia nel veder crescere i figli e nel vedere nella loro erba il proprio seme, fatto di tenerezza e di pazienza e di lezioni impartite per insegnare loro il rispetto per i grandi e i piccoli ideali, come l'amicizia e l'amore per le cose più umili e apparentemente insignificanti; ben sapendo che l'amore di una madre sta anche nel farsi da parte, alla fine del proprio gioco, e nel fermarsi alla finestra a guardare. La gioia di vedere dalla finestra il sorriso dei propri figli all'orizzonte; e ancora gioia nel vedere, mentre il tempo passa e *scivola dalle mani*, il «perpetuo rinverdire» della vita.

Sandra Di Vito

The "tears in a pocket" and the joy of writing

> "Other laws, black on white, obtain. […]
> Is there then a world
> where I rule absolutely on fate?
> A time I bind with chains of signs?
> An existence become endless at my bidding?
> The joy of writing.
> The power of preserving.
> Revenge of a mortal hand" .
> (Wislawa Symborska, *The joy of writing)*

In the compressed void of memory *slides* where we find the traits and the words that *the zealous farmer* has not yet erased return.

Slides is the first anthology by Nisida Bortone Frainetti: 51 texts in English, mainly Shakespearian sonnets, each with a facing Italian translation. As in *Waiting for Godot* by Samuel Beckett, a foreign language, the one learnt and taught at school, as a sort of a diaphragm, comes to help the writer against the impetuous raising of emotions. Actually it is in English, and not in the ancestors' mother-tongue, that the poetic inspiration arrives, almost to spray water over the fire of a too hot emotional topic. We also find an example of "post-grammatical" language (expression used by Gianfranco Contini, when he talks about Pascoli's language) in *The restless young man,* which deals with the writer's Grandfather on her father's side who went to the States and his daughter who was later nicknamed "Watergopastastop", sentence used by the man to buy a strainer in the New World, in his emigrant language of Babel.

With the sensibility of Mrs Ramsay who, in *To the Lighthouse* , thinks: «And all the lives we ever lived/ and all the lives to be /are full of trees and changing leaves» in this album of poems the writer collects the most beautiful photos of her past, present and future, the ones that haven't been taken yet (*the best slides in your life haven't been shot*), aware that the sweetest are the ones waiting to be written (*the ones that are still waiting in your pen / Are the sweetest you'll ever give life to*).

Split up into three temporal sections (*Past, Present, Future*) her life tape twists and turns in the booklet, between the shelters of her family life. Memories and thoughts clot in every-day-life scenes where you can find both dear people belonging to her past and dear people belonging to her present, all strengthened by love and the ancestors' wisdom, above all her father's father who, becoming a protecting god of the whole family, used to tell stories to kill time. And the "saga" of the writer's family started exactly in that far away 1913, when that Grandfather of hers left for the New World, so that in the book we find a narrative mode, which links all the poems to each other and makes us vaguely think of *La camera da letto* by Attilio Bertolucci. Among these three moments the collection is made up of, the past is the time of homesickness, against which the lyrical subject warns a mysterious "you", who reminds us of Montale, not to be enmeshed by a feeling that clogs life's flow, switches light off and lets darkness prevail. What counts is the present time, the period of *active life*, when the actions that contain the essence of life: *to teach and to learn* predominate. In the chain of days, everybody has got something to learn and teach, even humble spirits, like that Grandad who said that "Life is just a glance out of a window", with the unusual wisdom a person who lives with his roots in the present can find in usual and ordinary things. But *since time is a category of mind*, real time is, as St. Augustine would say, the future one made up of expectations and which motherly love and the love for God always tend to. To God is dedicated the first celebratory thanksgiving poem: *God I want to thank you.* As if talking personally with God, the writer thanks him for her mother's words; for her father's caresses; for her children whims; but also for stupid people's stones which, with lights and shadows, joys and sadness, have shaped her soul, born not to appear, like a *dumb model,* but *to think and talk.*

Born with "tears in her pocket", like all the family she comes from was- that's what the author confessed during a conversation- she has been able to give a poetic shape to those tears which express not only suffering, mourning and melancholy for the people and things we inevitably lose, like the kite taken away with the wind and fallen *into a steep gorge,* but are also tears of joy. The joy of writing poetry, inherited as well. The joy of seeing her children growing up and finding, in their grass, her own seeds, made up of tenderness , patience and lessons given to teach respect for great and little ideals as friendship and care for humble and apparently meaningless things. Without forgetting that *a mother who really cares knows when to quit,* at the end of her game, and just stands and looks from her window. The joy of seeing from the sill her children's smile on the horizon, and the joy of looking at, while time flows *slipping off hands,* «the everlasting trees and changing leaves» of life.

Sandra Di Vito

Ai miei
e
a chi
mi ha fatto scoprire
il potere salvifico
della poesia

To my folk
and
to those who
made me discover
the healing power
of poetry.

PAST

PASSATO

I

God, I want to thank you!

God, I want to thank you!
For the words of my mother,
Because they shaped my mind;
For the caresses of my father,
Because they warmed my heart;
For the eyes of my lover,
Because they dispersed the shadows;
For the whims of my children,
Because they lit up my days.
But…above all, God,
I want to thank you
For stupid people's stones,
Because, through shedding blood,
They… made me stronger.

I

Dio, ti voglio ringraziare!

Dio,ti voglio ringraziare!
Per le parole di mia madre,
Che hanno plasmato la mia mente;
Per le carezze di mio padre,
Che hanno scaldato il mio cuore;
Per gli occhi del mio amante,
Che hanno fugato le ombre;
Per i capricci dei miei figli,
Che hanno rallegrato le mie giornate.
Ma…soprattutto, Dio,
Ti voglio ringraziare
Per le pietre degli stolti,
Che, nella sofferenza,
Mi hanno resa più forte.

II

The restless young man

The restless young man went to his Mum
And asked for the money to go to the States.
At first she thought he was just joking,
But then she realized he'd never give up.

She went and sold a big orchard of hers
To let her son to sail towards the States.
And in 1913 he left Italy
To pay a visit to an aunt of his.

When he arrived he was welcomed by his kin,
Who promptly asked him to share their place.
Everything was all right except for their spaghetti,
Which unluckily was not drained enough.

He asked the reason why it was so unpleasant,
And they answered the language was to blame.

II

Il giovanotto irrequieto

Il giovanotto irrequieto andò da sua madre
E le chiese i soldi per andare in America.
Lei pensò che lui stesse scherzando,
Poi capì che non era così.

La donna vendette uno dei suoi giardini,
Per mandare il figlio in America.
E nel 1913 lui lasciò l'Italia
Per far visita alla zia paterna.

Quando arrivò lo accolsero i parenti,
Che subito gli aprirono la loro casa.
Tutto era perfetto eccetto gli spaghetti,
Che sfortunatamente erano un po'acquosi.

Lui chiese come mai e loro risposero
Non era colpa loro, ma della lingua.

Since they didn't speak English fluently,
They weren't able to ask for what they needed-
They had no kitchenware to drain the food
And didn't actually know how they could get it.

As soon as he woke up the day after,
He left and promised he wouldn't be back
Unless he found the perfect strainer
His folk needed to make delicious pasta.

After going to all the stores he found,
At night he returned and gave them the tool.
He had just asked : "water go, pasta stop"
And they had realized which one was the prop.

When Laura went there sixty years later,
She was named "Watergopastastop's daughter" .

Dato che ancora non parlavano inglese,
Non riuscivano a farsi capire;
Non avevano comprato lo scolapasta
E non sapevano come avrebbero potuto.

Appena si svegliò, il giorno dopo
Il giovanotto uscì: sarebbe tornato
Solo dopo aver trovato ciò che serviva
Per preparare gustosi spaghetti.

Dopo aver fatto il giro di tutti i negozi,
Tornò a sera con quell'utensile.
Aveva solo chiesto:"water go pasta stop"
E loro avevano capito che cosa voleva.

Quando sessant'anni dopo Laura andò in America,
La chiamarono la figlia di "Watergopastastop".

III

With his first pay

With his first pay the bachelor bought the box,
And with his largest smile he took it home.
They laid it there just in the corner,
Between the sofa and the small sideboard.

His father said he really did approve,
The siblings were excited and turned it on.
His Mum appreciated both music and news
And thanked that gentle child for his kind thought.

But in the long run she refused that noise
That now filled the air during their dinner,
As in the living-room it covered the voices
Of those people she'd been waiting, all day long.

"The radio's great" she said, "but I like most
The moment when at last you switch it off".

III

Quando prese il primo stipendio

Quando prese il primo stipendio
Lo scapolone comprò la radio
E con un gran sorriso la portò a casa.
La misero là, tra il divano e la credenza.

Suo padre approvò decisamente,
I fratelli l'accesero con entusiasmo.
La madre apprezzò la musica e il giornale radio
E ringraziò quel figlio gentile, per il pensiero.

Ma più tardi rifiutò quel rumore:
Riempiva la stanza durante la cena
E nel soggiorno copriva le voci
Dei cari, attesi tutto il giorno.

"La radio" disse, "è una gran bella cosa,
Ma il momento più bello è quando tace."

IV

As a little baby she wasn't that pretty

As a little baby she wasn't that pretty.
As thin as a rake, they wouldn't show her
With proud words and with bright eyes,
As all parents do with a first born child.

If walking downtown, they laid her in the pram,
If people came home, they left her in the drawer.
She could only grow thinner and thinner,
The clothes they had sewed were shapeless and plain.

But as youth arrived, they started seeing
The blooming fruit was no longer bitter,
The soft limbs were no longer skinny,
And a fire had lit up in her large hazel eyes

The tender smile of a sensitive girl,
The resolute gaze of a brave woman.

IV

Da bambina non era bella

Da bambina non era bella.
Magra come un chiodo,
Non era la primogenita
Da mostrare con orgoglio.

Se usciva, la lasciavano nella carrozzina,
Se venivano ospiti, la tenevano nel cassetto.
Era sempre più magra e sempre
Troppo grandi gli abiti cuciti per lei.

Ma poi crebbe e non fu più tanto acerba.
Smise di essere pelle ed ossa.
E il fuoco accese,
Nei suoi grandi occhi color nocciola,

Il tenero sorriso di una ragazza sensibile,
Lo sguardo risoluto di una donna coraggiosa.

V

In the '50s

In the '50s she left that fog behind,
Her father kissed her at the railway station.
She was a little older than a child,
Always open would she find her mansion.

She put her case onto the overhead locker,
She sat down, her legs crossed in a corner.
The slides of her past flew away with the fog,
The sun started peeking out of the clouds.

Revealing a landscape never thought of before,
Made up of yellow, orange, and green,
A mixture of colours rising from South,
Unveiling a warm sea ready to win.

No sighs, no regrets, no tears to shed.
She' d never go back to that fog again.

V

Negli anni '50

Negli anni '50 si lasciò la nebbia alle spalle,
Il babbo la baciò alla stazione.
Era poco più che una bambina,
La casa l'avrebbe trovata sempre aperta.

Mise la valigia sulla rete,
Incrociò le gambe in un angolo.
Il suo passato volò via con la nebbia,
Il sole cominciò a fare capolino tra le nuvole.

E rivelò un paesaggio impensato,
Fatto di giallo, arancione, verde,
Un misto di colori provenienti dal sud,
Che svelavano un caldo mare tutto da conquistare.

Nessun sospiro, nessun rimpianto, nessuna lacrima da versare.
Per lei, nessun ritorno, mai, in quella nebbia.

VI

He would wake up

He would wake up early in the morning,
I can even hear his steps in the corridors;
He would wake up early in the morning,
The smell from the kitchen still in my nostrils.

He would leave the building without a word,
The main door clicking behind his shoulders;
He would leave the building without a word,
The old bike skipping over the pebbles.

He would come back late, exhausted but happy,
The sawdust still lying in his trousers folds;
He would come back late, exhausted but happy,
The girl waiting there for a Grandad to hug.

The tape of my life will never rewind,
But nobody takes them out of my mind.

VI

Si alzava presto al mattino

Si alzava presto al mattino,
Odo ancora i suoi passi nei corridoi;
Si alzava presto al mattino,
L'odore dalla cucina ancora nelle mie narici.

Lasciava l'edificio senza una parola,
La porta si chiudeva alle sue spalle;
Lasciava l'edificio senza una parola,
La vecchia bicicletta saltellava sui ciottoli.

Tornava tardi, esausto ma felice,
La segatura infilata tra le pieghe dei pantaloni;
Tornava tardi, esausto ma felice,
La bambina aspettava un nonno da abbracciare.

Il nastro della mia vita non si riavvolgerà mai,
Ma nessuno cancellerà i suoi, dai miei, occhi.

VII

Although your father

Although your father was anything but rich,
Your house was full of every type of gifts.
At Christmas, at Easter, for your birthday,
On every occasion you had a present to unwrap.

You just didn't have the time to see a toy,
He went and bought it in return for your joy.
But the thing you liked most was the wooden swing
He sat you on when you went to the "park-ring".

He pushed you up and you came down again,
While you asked him not to stop the game.
Your heart started throbbing in your throat,
And the ascent to the sky took your breath away.

All the laughter and fears of your future life,
In that cheerful and thrilling swing flight.

VII

Tuo padre davvero

Tuo padre davvero non era ricco,
Ma la vostra casa era sempre piena di doni.
Natale, Pasqua, Capodanno,
Ad ogni occasione un regalo.

Non facevi in tempo a vedere un giocattolo,
Che lui te lo comprava per strapparti un sorriso.
Ma la cosa che ti faceva impazzire era l'altalena
Sulla quale ti faceva sedere al parco.

Lui ti spingeva e salivi e poi scendevi di nuovo,
E gli chiedevi di non smettere mai,
Il cuore ti arrivava in gola e
La salita ti toglieva il fiato.

In quel volo sull'altalena tutta la tua vita futura,
Ricca di risate, ma non priva di paura.

VIII

When the kid got lost

When the kid got lost on August Bank holiday,
The sun stopped shining and went away.
When the kid got lost on that paradise spot,
The heat on our skins made way for cold.

Since the voice was spread all over the shore,
Everybody started looking for that boy
Wearing a white cap and some new striped trunks,
Walking on his own searching for his ball.

Although they all knew he would never bathe,
His sister couldn't but be deeply afraid
He might meet the wolf of the fairy tales
And never go back home with her again.

When at last an old friend took him to his Mum,
Behind the clouds, the girl could feel the sun.

VIII

Quando, a ferragosto

Quando, a ferragosto, si perse il bambino,
Il sole smise di scaldarci.
Quando si perse il bambino su quell'angolo di paradiso,
Il calore lasciò il posto al gelo.

Appena si sparse la voce per la spiaggia,
Tutti cominciarono a cercare
Quel cappellino bianco col costume a righe,
Che se n'andava solo solo dietro la palla.

Sebbene sapesse che non sarebbe entrato in acqua,
Sua sorella era terrorizzata:
Temeva potesse incontrare il lupo della fiaba
E non tornare più con lei a casa.

Quando un vecchio amico lo riportò sotto l'ombrellone,
Al di là delle nuvole, la bambina sentì di nuovo il sole.

IX

When I lift up my head

When I lift up my head towards the sky
And hear the wind blowing among the trees,
I can't but think of Daddy and his kite
Made up of printed paper and tender reeds.

We added coloured ribbons all around,
Then climbed the stairs to go and check the flight,
The boys were always eager to recount
To their mates the run, the rise and then the glide.

One day we put it inside our car-boot,
And then we drove away towards the beach,
But, gosh, the wind suddenly betrayed us,
And our kite fell there into a steep gorge.

Although Dad's efforts to rescue it back,
That day we could see that life may steal.

IX

Quando sollevo la testa

Quando sollevo la testa verso il cielo
E odo il vento che soffia tra gli alberi,
Penso sempre all'aquilone di papà
Fatto di carta di giornale e tenere cannucce.

Noi aggiungevamo i fiocchi tutt'intorno,
Poi salivamo sul terrazzo per farlo volare.
I fratelli erano sempre ansiosi di parlare
Della rincorsa, l'impennata e il volo.

Un giorno lo mettemmo in macchina,
E andammo sulla spiaggia,
Ma, accidenti, il vento ci tradì
E l'aquilone cadde in un dirupo.

Nonostante gli sforzi di papà per farlo volare,
Quel giorno imparammo che la vita può rubare.

X

Sleepless nights

Sleepless nights were the old father's trouble:
Since he woke up at three in the morning,
His rest always lasted only few hours
And over in his bed he started turning .

Then he imagined his dead wife was here,
Listening to him from the rocking chair.
But when the loved ghost at last disappeared,
He sank again into his deep despair.

So he used to knock on the wall beside,
Asking his daughter who was lying beyond
To reach him and sing the usual rhyme,
While he kept strumming on his simple guitar.

Once left her bedroom, the poor girl arrived,
That sleepless father ready to satisfy.

X

L'anziano padre soffriva d'insonnia

L'anziano padre soffriva d'insonnia:
Si svegliava alle tre,
Riposava poche ore,
Poi cominciava a rigirarsi nel letto.

Immaginava che la moglie fosse tornata,
E lo ascoltasse dalla sedia a dondolo.
Ma quando il fantasma dell'amata spariva,
Di nuovo piombava nella sua disperazione.

Allora bussava al muro accanto,
E chiedeva alla figlia, che dormiva,
Di andare a cantare le note canzoni
E lui le modulava sulla sua chitarra.

Lasciata la propria stanza, la ragazza arrivava,
Pronta a cantare per quel padre che tanto amava.

XI

The day they killed J.F.K.

The day they killed J.F.K., I turned eight.
Our friends had left, and Mum was taking back,
To the kitchen, cups, saucers and the cake plate,
When we all sat down and turned the telly on.

Suddenly the cheerfulness was over:
We saw the car, the crying mob, the chaos.
With wild words the speaker announced
Somebody had killed him there in Dallas.

As kids, we knew nothing about politics,
We just felt two children had lost their Dad,
We just heard a wife had lost her lover,
Americans had lost their great leader.

Few world events have marked our memory,
As the sad day when they killed Kennedy.

XI

Compii otto anni

Compii otto anni il giorno in cui fu ucciso J.F.K.
Gli amici se ne erano andati e mamma stava
Riportando in cucina tazze, piattini e teglia.
Tutti noi ci sedemmo ed accendemmo la TV.

Improvvisamente l'allegria sparì:
Vedemmo l'auto, la folla che piangeva, il caos.
Con parole concitate lo speaker annunciò
Che qualcuno lo aveva ucciso a Dallas.

Eravamo ragazzini e non sapevamo nulla di politica,
Capimmo solo che due bambini avevano perso il padre,
Una moglie aveva perso il marito,
L'America aveva perso il proprio leader.

Pochi avvenimenti tristi hanno segnato la nostra infanzia,
Quanto il drammatico giorno in cui morì Kennedy.

XII

There's an ice-cream handcart

There's an ice-cream handcart also in her life.
Granny wanted kids to sleep after lunch.
The girl cheated and never closed her eyes,
And when the bell jingled even left those sheets.

Collected her money, she slipped to the yard.
And there he was, the young man in a white cap.
He checked the coins and put them into his apron,
Then finally gave her the bar craved for.

"If lucky, you'll get an extra one" he said.
The girl tried and tried without any gain,
Till the end of the Summer she kept waiting
For the ice-cream stick with the word "winning".

Only much later would she really see-
True luck does not lie in anything free.

XII

C'è un carretto dei gelati

C'è un carretto dei gelati anche nella sua vita.
La Maria voleva che i nipotini riposassero, dopo pranzo.
La bambina fingeva di dormire, non li chiudeva gli occhi
E al trillo della campanella sgusciava fuori dal letto.

Raccoglieva i suoi soldi e scendeva in cortile.
Il giovanotto era lì ad aspettare.
Controllate le monete, lui se le metteva in tasca
E finalmente le dava l'agognato cremino.

"Se sei fortunata, ne puoi avere uno gratis"
Diceva lui. Ma in tanti mesi lei non ne vinse mai.
E ci rimase tanto male:
L'estate era finita senza prendere premi.

Solo molto più tardi avrebbe capito:
La vera fortuna non te la danno gratis.

XIII

When you were a little girl

When you were a little girl, you lived in a block;
The stairs were dark, since there were few windows,
But the more you climbed up, the more you got a spark
Which let you safely reach the door of your home.

If you went to the loft above your threshold,
You could find the artist bending on his clay,
And trying to engrave with his small chisel
The raw material craving there for a shape.

Everytime you saw him, standing by his trestle,
You imagined the day he finally would
Ask you to sit there and lend him your face,
But many years passed, and he never did.

You were not born to be a dumb model;
He knew- you were born to think and talk.

XIII

Da ragazzina

Da ragazzina vivevi in un palazzo;
Le scale erano buie perché c'erano poche finestre;
Ma più salivi e più intravedevi una luce
Che ti permetteva di raggiungere la porta di casa .

E se salivi oltre la tua soglia,
Trovavi l'artista piegato sull'argilla
Che cercava, col suo scalpello,
Di dar forma alla materia che aveva davanti.

Tutte le volte che lo vedevi presso il trespolo,
Immaginavi che un giorno ti avrebbe chiesto
Di sederti e prestargli il tuo volto,
Ma in tanti anni lui non lo fece mai.

Non eri nata per fare la muta modella;
Lui lo sapeva: eri nata per pensare e parlare.

XIV

Sometimes, when it keeps raining

Sometimes, when it keeps raining endlessly,
You remember the day when Daddy packed,
Slammed the front door, got into the car,
And shouting said he would leave us.

Your tiny nose pressed againt the pane
Of the big wooden window over the drive,
Your large black eyes swollen with warm tears
Waiting desperately for an afterthought.

He sat at the wheel for some long minutes,
Then raised his head and saw your praying gaze,
So switched off the engine and climbed the stairs.
In my bedroom I had never left my tunes.

When asked, I said I knew he would come home,
He simply could not live without our warmth.

XIV

A volte, quando piove

A volte, quando piove senza tregua,
Ricordi il giorno in cui papà fece la valigia,
Sbattè la porta, salì in macchina e
Strepitando disse che se ne andava.

Tu te ne stavi col naso schiacciato
Contro il vetro della finestra,
Gli enormi occhi pieni di lacrime,
Speravi, disperato, che tornasse indietro.

Dopo pochi istanti al volante,
Lui sollevò la testa, incrociò il tuo sguardo,
Spense il motore e risalì in casa.
Io non avevo mai smesso di ascoltare la mia musica:

Senza il nostro calore,
Non avrebbe resistito più di un minuto.

XV

In the loft

In the loft, you are looking for those shoes
With funny ribbons and comfortable heels,
When suddenly the Christmas box opens up
And the cradle with Baby Jesus falls down.

The 8th of December had long gone by
But your Dad had not yet found any time
To set the sitting-room table near the tree
And lay the stuff of the Nativity.

All the children, in the big family,
Had already put up with the sad idea
That time they would celebrate the great feast
Without any oxen, donkeys or shepherds.

But on the 24th, thank God, you woke up:
The comet star was there, by the Holy Hut.

XV

Sei lì in soffitta

Sei lì in soffitta, cerchi quel paio di scarpe
Coi fiocchetti carini e i tacchi bassi,
Quando, dalla scatola del Natale,
Improvvisamente scivola via il Bambinello.

L'otto dicembre era passato già da un po',
Ma tuo padre non aveva trovato il tempo
Di spostare il tavolino del salotto
E fare il presepe vicino all'albero.

In famiglia i bambini
S'erano rassegnati all'idea
Di una festa triste:
Senza bue, asino e pastorelli.

Ma quando vi svegliaste, la mattina della vigilia,
Grazie a Dio, la stella cometa era là, sulla capanna.

XVI

Every year

Every year at the end of October,
He would collect his papers and his scars,
And sit there in the light of the morning
To plan and write down his annual talk.

After putting his words on the white sheets,
He would ask his wife to forget her chores,
And listen patiently to his trembling voice
While recounting an episode of the war.

Left the stew growling there on the hob,
The woman would ignore her daily work,
To sit on the edge of the flowery couch,
And devote time to the hero of her heart .

The memorial day would be as great as ever,
With all the veterans around their leader.

XVI

Ogni anno

Ogni anno alla fine di ottobre,
Tornava a raccogliere carte e cicatrici
E si sedeva alla luce del mattino,
Per preparare il suo tradizionale discorso.

Dopo aver scritto su quei fogli bianchi,
Chiedeva alla moglie di abbandonare la cucina
Ed ascoltare pazientemente
Il suo discorso sulla guerra.

Lasciato lo stufato che borbottava sul fuoco,
Lei dimenticava le sue faccende,
Si sedeva sul bordo del divano a fiori
E si dedicava all'eroe di casa.

Il quattro novembre sarebbe stato celebrato come sempre,
Con i reduci raccolti intorno al loro Presidente.

XVII

The tired politician

The tired politician used to watch the news;
If the forecast was all right, he sat down,
And got ready to spend the next day
On his boat, living his time the best way.

Early in the morning he'd take hooks and rods,
Go to the harbour and row out to sea.
After selecting the most teeming spots,
He'd sit in a corner and patiently wait.

One day, while going along with the sea waves,
He weighted the fruit of his public career,
And saw that the plate of the many letdowns
Was much heavier than his dreams come true.

But some fish rose luckily to the bait prepared-
God had diverted him from further pain.

XVII

Il politico stanco

Il politico stanco guardava ogni sera il telegiornale;
Se si prevedeva bel tempo,
Si preparava a trascorrere il giorno seguente
Nel modo migliore: sulla sua barca.

Di buon mattino, raccolti ami e canne,
Andava al porto e prendeva il largo.
Dopo aver scelto l'angolo più pescoso,
Si sedeva sull'asse ed aspettava.

Assecondando le onde lunghe e corte,
Un giorno ripensò alla propria carriera
E vide che le delusioni pesavano
molto più dei sogni realizzati.

Ma per fortuna un pesce abboccò all'amo:
Dio gli aveva risparmiato un'ulteriore pena.

PRESENT

PRESENTE

I

That bloody Summer

That bloody Summer's taken her away,
That bloody Summer's choked her winning voice,
That bloody Summer's closed her tender eyes,
That bloody Summer's stopped her busy hands.

Who's going to heal our stony pains now?
Who's going to hug our tired bones now?
Who's going to listen to our stories now?
Who's going to answer our questions?

She asked us not to cry,
She asked us not to mourn.
Well, I may be able to stop crying,
And I may be able to stop mourning.

But unless you cut my brain,
I will never stop bleeding this way.

I

Quella maledetta estate

Quella maledetta estate se l'è portata via,
Quella maledetta estate ha soffocato la sua suadente voce ,
Quella maledetta estate ha chiuso i suoi teneri occhi,
Quella maledetta estate ha fermato le sue operose mani.

Chi curerà le nostre insopportabili pene ora?
Chi stringerà le nostre membra stanche?
Chi ascolterà le nostre storie?
Chi risponderà alle nostre domande?

Ci ha chiesto di non piangere,
Ci ha chiesto di gettare il nero.
Bene, forse riuscirò a non lamentarmi,
Forse potrò ignorare il lutto.

Ma se non mi strappano via la memoria,
Io continuerò a sanguinare.

II

I have no regrets

I have no regrets or… I shouldn't have any,
Because I have never denied my hands
The energy they needed to fulfil
All the dreams piling up in my mind.

But, every time I look at the monster they're
Building in the garden, and hear the noise
Of the white blowtorch among the hedges,
I'm afraid, that day in my life I failed.

I wish I had chained myself to the gate,
To prevent them from cutting down the trees,
To prevent them from turning off the sun,
To prevent them from hushing up the breeze.

They are choking our children's mansion,
In the bloody name of their own prestige.

II

Non ho rimpianti

Non ho rimpianti… o, meglio, non dovrei averne,
Perché non ho mai negato alle mie mani
L'energia necessaria a realizzare
I sogni che mi riempivano la mente.

Ma tutte le volte che guardo il mostro
Che stanno costruendo in giardino,
E odo il rumore della fiamma ossidrica tra le siepi,
Temo di aver sbagliato, quel giorno.

Mi sarei dovuta incatenare al cancello,
Per impedire loro di tagliare gli alberi,
Per impedire loro di spegnere il sole,
Per impedire loro di smorzare la brezza.

In nome del loro maledetto prestigio,
Stanno soffocando il futuro dei nostri figli.

III

Words, words, words,

Words, words, words, you keep teaching words for ages;
Nouns, verbs, adverbs, adjectives, prepositions;
While kids stare with their wide curious eyes,
And look for the sense of such odd associations.

Rhymes, assonances, alliterations,
Metaphors, similes, juxtapositions;
Your life goes on dragged by a blind routine,
Which makes you feel like a senseless machine.

Then one day someone happily comes along,
And the role you've got suddenly dawns on you.
It's not just about words, it's about love,
The love for the mysteries of the human mind.

The abyss shown in the organization
Of letters joined in odd combinations.

III

Parole, parole, parole,

Parole, parole, parole, insegni parole per secoli;
Sostantivi, verbi, avverbi, aggettivi, preposizioni;
Mentre i ragazzi stanno lì con i loro occhi spalancati
E cercano il senso di quelle strane associazioni.

Rime, assonanze, allitterazioni;
La tua vita scorre trascinata da una cieca routine,
Metafore, similitudini, giustapposizioni,
Che ti fanno sentire come una macchina.

Ma un giorno qualcuno si avvicina con entusiasmo,
E tu capisci qual è la tua funzione.
Al di là delle parole, è una questione d'amore,
L'amore per i misteri della mente umana,

Per l'abisso svelato dalla concatenazione
Di piccole lettere legate in strane combinazioni.

IV

Democracy

Democracy is not an easy game,
Always facing a new beast to tame.
Democracy is no joke indeed,
Always finding new obstacles to cope with.

In tyranny everything is smoother:
They think instead of you and you never bother.
You can rely on them in your safe nest,
Without spoiling your days on a useless quest.

Democracy compels you to make choices,
Without hiding your face,
Without choking your voice,
Without sparing your time.

But the defence of human dignity
Will always rhyme with democracy!

IV

La democrazia

La democrazia non è un facile gioco,
C'è sempre una nuova bestia da domare.
La democrazia non è uno scherzo,
Si trovano continuamente nuovi ostacoli da superare.

Senza democrazia tutto fila liscio:
Loro pensano al posto tuo e tu non disturbi.
Ti puoi fidare di loro e rimanere nel tuo comodo nido,
Senza sprecare il tuo tempo a fare inutili domande.

In democrazia sei costretto a fare delle scelte,
Senza nascondere il tuo volto,
Senza soffocare la tua voce,
Senza lesinare il tuo tempo.

Ma la difesa della dignità umana
Fa rima solo con democrazia!

V

As soon as I can,

As soon as I can, I hop on the bus,
I conquer the stairs and climb to the top.
As soon as I can, I sit down at the prow,
I stretch my legs and look at the road.

The noise of the trains is far away,
Neither can the horns spoil my ears.
I'm up near the sky, I could touch the clouds,
The buildings welcome me like hosts at the door.

Long time has passed since the first time I came,
My face is definitely no longer the same,
Enthusiasm and energy belong to the past,
Now wrinkles and sighs are the legacy I've got,

But Rome is still there, basking in the sun,
Always celebrating the art of man.

V

Appena posso

Appena posso salto sul bus,
Mi guadagno le scale e salgo in cima.
Appena posso mi siedo a prua,
Allungo le gambe e guardo la strada.

Il rumore dei treni è ormai lontano,
Neppure i clacson mi disturbano.
Sono vicino al cielo, potrei toccare le nuvole,
Ospitali, i palazzi mi danno il benvenuto sulla soglia.

E' passato tanto tempo dalla prima volta,
Il mio volto non è più lo stesso,
Entusiasmo ed energia appartengono al passato,
I segni del tempo sono l'eredità che mi hanno lasciato.

Ma Roma è sempre lì a crogiolarsi al sole,
Mai stanca di celebrare l'arte dell'uomo.

VI

Never forget

Never forget their telephone numbers.
You may ignore the greengrocer's address,
The butcher's, the baker's, even the chemist's.
But don't forget those telephone numbers.

If you're in trouble and nobody comes
To drive away the shadows of night;
If you want to listen to a warm voice,
Ready to share both worries and smiles,

You know you can just pick the receiver up,
Dial one of those numbers and wait for hello,
Hello of tenderness, hello of joy,
Hello of fun, hello of empathy.

I really hope you can learn them by heart;
Never forget your true friends' phone numbers.

VI

Non dimenticare

Non dimenticare i loro numeri di telefono.
Puoi ignorare l'indirizzo del fruttivendolo,
Del macellaio, del fornaio, persino del farmacista.
Ma non dimenticare quei numeri di telefono.

Se hai problemi e nessuno accorre
A fugare le ombre della notte;
Se vuoi ascoltare una voce calda
E condividere preoccupazioni e sorrisi,

Devi solo prendere il telefono,
Digitare quei numeri ed aspettare un hello,
Un hello di comprensione, gioia,
Tenerezza, allegria.

Spero proprio che tu li impari a memoria;
Non te li dimenticare mai, i numeri degli amici veri.

VII

On Sundays

On Sundays we used to go up the big house,
The old man was there waiting for us all,
Sometimes in bed suffering from his gout,
More often on the porch asking for a toll:

The children had to kiss him although shy,
The daughter would set the table and bring the wine.
He started raving rhymes which came from far
And telling odd stories to kill the time.

"Life is just a glance out of a window",
He often said. We didn't catch what he meant.
But now I realize he was just right,
And I can tell you, my steady light:

"Let life just be a glance out of the window,
As long as your smile shines over my road"

VII

Di domenica

Di domenica andavamo nella grande casa,
Il nonno era lì ad aspettarci tutti,
A volte a letto a causa della gotta,
Più spesso sul porticato ad aspettare il pedaggio.

I bambini, seppur timidi, lo dovevano baciare,
La figlia avrebbe apparecchiato e portato il vino.
Allora cominciava a declamare versi che venivano da lontano,
E a raccontare strane storie per ingannare il tempo.

"La vita è un'affacciata di finestra",
Diceva spesso. Noi non afferravamo.
Ma io ora so che aveva ragione
E posso dire a te che sei la mia luce:

"Non mi importa se la vita è solo un'affacciata di finestra,
Purché il tuo sorriso splenda, sempre, su questa mia strada."

VIII

Instead of sitting here

Instead of sitting here living on words,
I wish I were the shell clutched in your hand,
To feel the life beating under your skin,
To listen to your whispers and to your dreams.

Since time is but a category of mind,
I could ignore both my white hair and my lines,
I could waste the weeds and save the seeds,
To help you forget your past griefs.

But it's not me you now need by your side,
The person who'll save you hasn't got my name,
It's a man who can be both ally and guide,
A man who can give you something to share.

A mother who really cares knows when to quit,
A mother who really loves knows when to yield.

VIII

Invece di starmene qui

Invece di starmene qui a nutrirmi di parole,
Vorrei essere la conchiglia serrata nella tua mano,
Per sentire la vita pulsare sotto la tua pelle,
Ascoltare i tuoi sospiri, condividere i tuoi sogni.

Dato che il tempo non è che una categoria della mente,
Potrei ignorare i capelli bianchi e le rughe,
Gettare le erbacce e salvare i semi,
Aiutarti a dimenticare i dispiaceri.

Ma non è di me che hai bisogno,
La persona che ti aiuterà non porta il mio nome,
E' un uomo che può essere alleato e guida,
Un uomo con cui condividere la vita.

Una madre attenta sa quando uscire di scena,
Chi ama veramente sa quando farsi da parte.

IX

When you open your eyes

When you open your eyes in the morning
You don't mind if the cupboard is empty,
And forgive your absent-minded mate
Who forgot to go and buy the cake.

No problem if in the enormous chest
You can find but some old stale bread,
And in the gorgeous fridge over there,
Some expired milk is the only food left.

When from the hob your coffee machine
Starts sending her whistle to welcome the day,
And fills the air with the cheerful notes
Which will sweep away the blues of the night,

You're ready to go and face the world all,
You're able to go and win your battles all.

IX

Quando apri gli occhi

Quando apri gli occhi la mattina
Non t'importa se la credenza è vuota,
E perdoni la sbadata che ha dimenticato
Di andare a comprare la crostata.

Non ci sono problemi se nella madia
Trovi solo del vecchio pane raffermo
E in quel meraviglioso frigo
E' rimasto solo del latte scaduto.

Quando dai fornelli la caffettiera
Lancia il suo fischio per salutare il giorno,
E riempie l'aria con le allegre note
Che spazzeranno via la tristezza della notte,

Ti senti pronto ad affrontare il mondo,
E a vincere tutte le tue battaglie.

X

Every single time

Every single time he comes to you
To quench his thirst at your humble spring,
You remember your first hug on those hills,
Among low prickly pears and high trees.

After tossing off the long and grey road
Of a simply unbeareable solitude,
Suddenly you had been caught by his light
And feared your story would not last long.

But it did, and now you've been so afraid
To miss the crumbs of bliss life's been dropping ,
That you always gulp down every moment
As if it were the last to share with him.

We're nothing but heaps of tender remains,
Assembled together piece after piece.

X

Tutte le volte che

Tutte le volte che lui ti cerca
Per calmare la sua sete alla tua umile fonte,
Ricordi la vostra prima volta su quella collina,
Tra alberi imponenti e modesti fichi d'india.

Dopo aver percorso tutta d'un fiato
La lunga e grigia strada della solitudine,
Improvvisamente eri stata catturata dalla sua luce
Che temevi non fosse destinata a durare.

Invece durò. Ed ora hai una tale paura di perderti
Le briciole di felicità che la vita vi sta concedendo,
Che bevi voracemente ogni singolo momento
Come se fosse l'ultimo da vivere.

Non siamo che cumuli di teneri rottami,
Assemblati insieme pezzo dopo pezzo.

XI

When you were born

When you were born I immediately checked on
Which relative of yours you might look like.
I accurately analysed your large eyes
And proudly told my folk your gaze was mine.

Your father didn't worry about your traits,
He didn't even notice your lovely lips.
His only concern was to be sure
His son one day could run on a grass pitch.

And when he saw your perfect little feet,
With joy, and the deepest satisfaction,
He said you definitely would share
What had always been his greatest passion.

I've never cared for soccer matches, you see,
But the way you share things really touches me.

XI

Quando sei nato

Quando sei nato mi sono subito preoccupata
Di vedere a chi somigliavi.
Ho osservato accuratamente i tuoi occhi
E con orgoglio ho detto a tutti che erano i miei.

A tuo padre non interessavano i tuoi lineamenti,
Non s'è neppure accorto della tua adorabile bocca.
Ma si preoccupò di accertarsi che un giorno
Suo figlio potesse correre su un campo di pallone.

E quando vide i tuoi piedini perfetti,
Con gioia e con profonda soddisfazione,
Disse che avresti sicuramente condiviso
La sua più grande, inossidabile passione.

A me il calcio non interessa molto,
Ma vedervi così uniti mi commuove.

XII

Yesterday I went shopping

Yesterday I went shopping and I bought
All I would need to feed my lovely wolf.
To give the right fuel to his engine,
I went to the sea and bought a plump bream.

Then I went to the baker's because he likes
The delicious jam tarts that chap can make,
And to the greengrocer's to be really sure
He would have an orange juice with his cake.

While coming back I saw the florist's cart,
Still covered with sweetly scented flowers.
So I stopped and I asked for a big bunch,
To decorate the table of our lunch.

But I didn't buy roses, I bought daffodils,
To remind him of regard for people and things.

XII

Ieri sono uscita

Ieri sono uscita ed ho comprato tutto ciò che mi serviva
Per sfamare il mio adorabile lupo.
Per dare il giusto carburante al suo motore,
Ho comprato un bel pagello in riva al mare.

Poi sono andata dal panettiere perché a lui piace
La crostata di frutta che quel fornaio sa fare,
E dal fruttivendolo per essere sicura
Di fargli trovare anche la spremuta d'arancia.

Tornando a casa ho visto il carretto del fioraio,
Ancora ricco di fiori dolcemente profumati.
Mi son fermata e ho chiesto un grosso mazzo di fiori,
Per abbellire il tavolo per il pranzo.

Ma gli ho comprato le giunchiglie, non le rose,
Perché lui non dimentichi mai il rispetto per persone e cose.

XIII

The sun is high

The sun is high in the sky and the sea
Is calmly sleeping at the horizon,
Showing off the golden pearls of its dress
Chosen deliberately for this occasion.

The ring is full of passionate people,
Eager to cheer their warriors to fight,
And honour bravely the name of their town,
To finally take home the grail at stake.

A man brings in the only mutual weapon,
The heroes come down and greet each other,
The audience starts suffering and shouting,
Although it is not a gladiators' race.

It is just a humble beach soccer game,
But the commitment is exactly the same.

XIII

Il sole è alto

Il sole è alto nel cielo e il mare
Sonnecchia calmo all'orizzonte,
Ostentando le perle color oro
Dell'abito scelto apposta per l'occasione.

La gradinata è piena di spettatori appassionati,
Desiderosi di incitare i guerrieri a combattere,
Con coraggio, per difendere la propria città
E portare a casa il trofeo in palio.

Un uomo porta l'unica arma comune,
Gli eroi scendono e si salutano,
Il pubblico comincia a soffrire e ad urlare,
Sebbene non sia una gara tra gladiatori.

E'solo un'umile partita di beach soccer,
Ma il coinvolgimento è esattamente lo stesso!

XIV

Pretty Ivy Queen is from Tuscany

Pretty Ivy Queen is from Tuscany:
Rather fussy, domineering but clever.
Anything she does, will be perfect,
Included her attempts in the kitchen.

She can cook every kind of good food,
And asks us to share her experiments,
Although she knows I'm on a slimming diet,
And her son can't digest her ingredients.

Her ace in the hole is the apple pie-
After marinating those tiny fruit slices,
And beating eggs, flour, sugar and lemon,
She bakes everything and bewitches us.

Not even Ulysses tied up to his mast
Could ever resist the lure of that siren.

XIV

La bella Miss Edera è toscana

La bella Miss Edera è toscana:
Piuttosto pignola, autoritaria, ma brava.
Conosce solo la perfezione,
Anche in cucina.

Sa preparare ogni leccornia
E poi ci chiede di condividere i suoi esperimenti,
Sebbene sappia che io sono a dieta
E suo figlio è intollerante a certi ingredienti.

Il suo asso nella manica è la torta di mele-
Dopo aver macerato le sottili fette
E sbattuto uova, farina, zucchero e limone,
Mette tutto in forno e ci seduce.

Neppure Ulisse legato all'albero della sua nave
Resisterebbe al richiamo di una tale sirena.

XV

Unlike my folk

Unlike all my folk, Ivy Queen is tough,
Seldom does she have a lump in her throat.
Talking about her, my father woudn't say
That she's always got tears in a pocket.

But when she went to watch that football match,
She claimed to get a place in the first row,
Because she was the Granny of the champion
Who'd scored the winning goal the day before.

And every time her grand-child gets the ball,
Fights like a hero on a battle field, and
Passes it to the mate close to the net,
Giving his team the chance to earn the game,

Anybody can see she's close to soften,
Like an ice-berg melting down in the sun.

XV

Miss Edera è una dura

Miss Edera è una dura.
Si commuove raramente.
Parlando di lei, mio padre non direbbe
Che ha le lacrime in tasca.

Ma quando andò a vedere quella partita,
Pretese di stare in prima fila,
Perché lei era la nonna del campione
Che aveva segnato il goal decisivo il giorno prima.

E ogni volta che il nipote prende la palla,
Combattendo come un eroe,
La passa al compagno presso la rete,
Offrendo alla squadra l'opportunità di segnare,

Chiunque lo capisce:
Lei si sta sciogliendo come neve al sole.

XVI

Everyday

Everyday, as soon as he wakes up,
He makes Thomas's breakfast and takes him out.
Everybody in town knows the couple:
The lanes keep no secrets, the squares no shadows.

They'll always smile at you the truest way.
When he is sad, it depends on Thomas.
If he is cheerful, Thomas has the merit.
You'll find them both in the rain and in the sun.

In hot summer he's ready to dry his sweat,
And gives Thomas water to quench his thirst.
When it is winter, he finds a shelter,
To protect him if showers break the sky .

You may think Thomas is Mario's son;
You are wrong, he's not his son, he's his hound.

XVI

Ogni giorno

Ogni giorno, appena si sveglia,
Prepara la colazione a Thomas e poi lo porta fuori.
In città tutti conoscono la coppia:
I vicoli non hanno segreti, le piazze non serbano ombre.

Ti sorrideranno sempre nel modo più spontaneo.
Quando lui è triste, dipende da Thomas.
Quando è allegro, il merito è di Thomas.
Li incontrerai sia col sole sia con la pioggia.

D'estate lui è sempre pronto ad asciugargli il sudore,
E a farlo bere per calmare la sua sete.
D'inverno gli cerca un riparo per proteggerlo,
Se scoppia un acquazzone.

Forse pensi che Thomas sia il figlio di Mario;
No, non è suo figlio, è il suo bracco.

XVII

In the past

In the past gossipy pigeons would wake me up.
This morning, while I was watering my plant,
A seagull flew here onto the street lamp,
And started crying a very sad lament.

In the afternoon he came here again,
Repeating his unbearable creaking,
And pointing his huge beak to the sky,
As if complaining to God for some wrong.

I wonder what that bird is whining for,
So far away from the stream of the sea.
Perhaps he is mourning for his lost lover,
Or for his children who have missed the flock.

Whichever worry that bird is crying for,
His pain is as piercing as a human sore.

XVII

Una volta

Una volta mi facevano visita pettegoli piccioni.
Stamane, mentre annaffiavo le piante,
Un gabbiano s'è posato sul lampione
Ed ha cominciato a piangere molto tristemente.

E' tornato anche nel pomeriggio,
A ripetere il suo insostenibile pianto
E a puntare il becco verso il cielo,
Per lamentarsi con Dio di qualche torto.

Chissà perché sta piangendo,
Così lontano dalle correnti del mare.
Forse non ha più la compagna,
Forse i suoi piccoli non sono più nello stormo.

Qualunque sia il suo dolore, il suo lamento
Mi turba quanto quello di un uomo.

XVIII

She always went

She always went to that house on the corner
To do her homework with the girl who lived there,
But they both were happy only in case
They could go and open the big chest.

In the big chest they'd find all they needed
To become somebody else and imagine
They were actresses on some famous stage,
They were singers in some popular band.

But no talent scout has endorsed their art,
No director has appreciated their skills.
They've become ordinary simple women,
Dealing with every day tiny little things.

But the passion they lavish on their deeds
Makes them more precious than two bright stars.

XVIII

Andava sempre in quella casa

Andava sempre in quella casa all'angolo
A studiare con la compagna di banco,
Ma erano felici solo quando
Arrivava il momento di aprire il baule.

Là avrebbero trovato tutto l'occorrente
Per diventare qualcun altro:
Attrici su qualche famoso palcoscenico,
Cantanti in un complesso pop.

Ma nessun talent scout le ha mai scoperte,
Nessun regista ha dato loro una parte.
Sono diventate semplici donne comuni,
Che si occupano di piccole cose comuni.

Ma la passione della loro vita
Le rende più preziose di una star.

FUTURE

FUTURO

I

My father got married

My father got married rather late but,
When he did, he soon made up for lost time:
He had five kids, and four of them alive.
Unlike me, my siblings are rather tall guys.

He often came to me to apologize,
And used to say he was very sorry
I was such a petit woman but,
He added, I didn't have to worry:

I looked like his rather short Granny,
And I had to be very proud of her,
Because she'd been a very rich lady
And, in her free time, used to write poetry.

"Well," I answered, "since I teach, I'll never be rich
But, as regards poetry writing, I will try".

I

Mio padre si sposò tardi

Mio padre si sposò tardi ma,
Quando venne il momento, non perse tempo:
Ebbe cinque figli di cui quattro viventi.
I miei fratelli sono piuttosto alti. Io no.

Lui spesso si scusava con me,
Gli dispiaceva che io
Fossi una piccoletta ma,
Aggiungeva, non mi dovevo preoccupare:

Io avevo preso da sua nonna
E dovevo esserne orgogliosa
Perché era stata una donna molto ricca
E, nel tempo libero, scriveva poesie.

Io rispondevo: "Ricca non sarò mai,
Ma per i versi, ci posso provare."

II

As the ploughman

As the ploughman throws his seeds into the soil,
Does the past cast shadows over your brain;
As the rain falls and soaks into the earth,
Sad tears wet the skin of your hands.

But…when the winter ends, blossoms will sprout,
And fill the farmer's life with joy and wealth,
While …when the darkness comes, you'll be apart,
And nobody will soothe the pains it brought.

When gloomy regrets fly over your day,
Don't let them grab your mind, drive them away;
Instead of yielding to past sweet ballads,
Open your heart to the hymn of your future.

Active life should always be your only mate,
Without mulling over the frame of fate.

II

Come l'aratore

Come l'aratore getta i suoi semi nei solchi,
Così il passato getta ombre su di te;
Come la pioggia cade e bagna la terra,
Amare lacrime ti bagnano le mani.

Ma…quando verrà l'inverno, i boccioli
Renderanno il contadino ricco e felice,
…quando scenderà la tua sera,
Sarai solo e nessuno curerà le tue ferite.

Se ricordi e rimpianti ti minacciano,
Non permettere loro di vincere, scacciali;
Non cedere alle dolci insidie del passato,
Apri il tuo cuore al futuro.

Fa' che sia intensa la tua vita,
E non indagare sui disegni del destino.

III

When strolling on the beach

When strolling on the beach you picked up pebbles:
Black, white, red, brown, blue, yellow and green;
When strolling on the beach you picked up shells:
Black, white, red, brown, blue, yellow and green.

While the sun was rising you saw your past,
In the light of the morning you looked back,
You perceived the sweetness, you felt the charm,
You yielded to the sadness of homesickness.

But it was just the lapse of a moment,
It was only a terrible mistake.
Nothing can stop your journey ahead,
And nobody can pull you down backward.

Let the water flow, let the waves roll away,
Only the future will deserve your game.

III

Passeggiando sulla spiaggia

Passeggiando sulla spiaggia hai raccolto dei sassi:
Neri, bianchi, rossi, gialli, azzurri e verdi;
Passeggiando sulla spiaggia hai raccolto conchiglie:
Nere, bianche, rosse, gialle, azzurre e verdi.

Mentre il sole sorgeva hai visto il tuo passato,
Alla luce del mattino ti sei guardata indietro,
Hai percepito la dolcezza, hai sentito il fascino,
Hai ceduto alla tristezza della nostalgia.

E' stato solo un momento,
Un terribile errore.
Nulla può fermare il tuo cammino,
Nessuno ti può far indietreggiare.

Lascia che l'acqua scorra e che le onde si infrangano,
Solo il futuro giocherà la tua partita.

IV

Living together

No, living together is not easy:
Across the edges of each other's isle,
Across the waves of each other's lake,
I can tell you, it may be a big mess.

But living together can be a bliss:
Sharing the light of a morning sunbeam,
Getting caught in a summer rainfall,
Enjoying the crumbs of the same bread.

And living together can be a journey:
Always having a new corner to spot,
Always having an old case to unpack,
Laughing at the blisters under your feet.

May your life together be a joyful trip,
Never missing bridges to fill the gaps!

IV

Vivere insieme

No, vivere insieme non è facile:
Oltre i confini della propria isola,
Oltre le correnti del proprio lago,
Te lo dico io, può essere molto arduo.

Ma vivere insieme può essere una benedizione:
Condividere la luce del primo raggio di sole,
Bagnarsi a causa di un temporale estivo,
Condividere le briciole dello stesso pane.

E vivere insieme è come un viaggio:
Sempre un nuovo angolo da scoprire,
Sempre una valigia da disfare,
Qualche vescica ai piedi di cui ridere.

Spero abbiate sempre un ponte da gettare,
Lungo un percorso fatto solo di gioia!

V

Tomorrow you'll leave

Tomorrow you'll leave for a long journey.
The bags in the boot have already been laid,
The tank of the car has just been filled up,
The towns on the map accurately chosen.

While travelling, you'll stop every now and then,
To eat, to drink, to enjoy a quiet rest.
And then you will start moving on again,
Sharing the joy of sightseeing around.

But life is made up of shadows too,
And darkness may be very hard to face;
So you may want a star from above,
So you may need a sparkle from inside.

I hope you'll always hold each other's light,
To brighten the planned path on each other's side.

V

Domani partirete

Domani partirete per un lungo viaggio.
Le valigie sono già in macchina.
Avete fatto il pieno di benzina,
Avete scelto accuratamente le tappe.

Lungo la strada vi fermerete,
Per mangiare, bere e riposarvi.
E poi partirete di nuovo,
Condividendo la gioia di visitare nuovi luoghi.

Ma la vita è fatta anche di ombre,
E affrontare il buio può essere molto duro;
Allora avrete bisogno di una stella dall'alto,
Allora avrete bisogno di una scintilla da dentro.

Spero che illuminiate il cammino l'uno all'altra,
Per far luce, sempre, al sentiero scelto insieme.

VI

Having a child

Having a child is nothing like a joke.
To tell the truth, it may be a hard job:
You'll wake up at night and fumble around
To fill an empty bottle and stop his sob.

Overnight your world has turned upside down,
Rich in light worries and full of sweet troubles:
Every day now brings a new choice to make,
Every morning reveals a step to take.

Your time will no longer be yours,
And your words will no longer be the same,
Your thoughts will now belong to him,
And your gestures will be shaped by his whims.

But the joy's so great that your hearts are bursting,
You can't see how you lived without his babbling.

VI

Avere un figlio

Avere un figlio non è un gioco.
A dir il vero, può essere difficile:
Di notte vi sveglierete e brancolerete nel buio,
Per riempire un biberon e fermare i suoi singhiozzi.

Dalla sera alla mattina il vostro mondo si è capovolto,
Ricco di leggere preoccupazioni e dolci problemi:
Ogni giorno una nuova scelta da fare,
Ogni giorno una decisione da prendere.

Il vostro tempo non sarà più il vostro,
Le vostre parole non saranno più le stesse,
Ora i vostri pensieri appartengono a lui,
E i vostri gesti sono guidati dai suoi capricci.

Ma la gioia è così grande che vi scoppia il cuore
E non sapete come avete fatto a vivere senza di lui.

VII

If you look up

If you look up the word "education"
In the dictionary there on your shelf,
You may find out it means "erudition",
While it actually is but a long quest.

It's the long quest for the knowledge that men
Have assembled together through centuries,
It's the powerful weapon which can
Make you conscious of your skills and your frailties.

Because "education" is also the awareness
Of the deepest need of human beings
For living together in true peace,
Always respecting each other's limits.

The way you have celebrated our frail friend
Shows you have learnt this lesson really well.

VII

Se consultate il dizionario

Se consultate il dizionario lì sulla mensola,
Alla voce "istruzione"
Potete trovare il termine "erudizione",
Ma in realtà è una lunga ricerca.

E' la ricerca delle conoscenze che l'uomo
Ha accumulato attraverso i secoli,
E' la potente arma che può
Svelarvi doti e fragilità.

Perché l'istruzione è la consapevolezza
Del profondo bisogno degli individui
Di vivere insieme nella vera pace,
Rispettando sempre i limiti l'uno dell'altro.

Il modo in cui avete festeggiato la nostra amica fragile
Rivela che questa lezione l'avete imparata davvero bene.

VIII

Although your kids

Although your kids are sensitive and bright,
Among their seats you see they lack some glue:
Each of them behaves like a world apart
And misses an important present of life.

So, after talking about Angles and Saxons,
You have to propose another lesson:
You need to read the pages of an issue
Rarely dealt with in ordinary books:

Whatever gift God has given to you,
It shouldn't lie there hidden in your lockers,
You have to share your light with your mates,
And get from life the best it can grant.

There's no growth without confrontation,
There's no bliss without participation.

VIII

Sebbene siano ragazzi

Sebbene siano ragazzi sensibili ed intelligenti,
Vedi che tra i banchi manca la colla:
Ciascuno sta in un mondo a sé
E si perde un importante dono della vita.

Dopo aver parlato degli Angli e dei Sassoni,
Devi proporre un'altra lezione:
Devi introdurre un tema che
Raramente si trova sui libri di scuola:

Qualunque sia il dono ricevuto da Dio,
Non lo si deve tenere nascosto,
Ma condividere con i compagni,
Per ottenere ciò che di meglio la vita può dare.

Non c'è crescita senza confronto,
Non c'è felicità senza condivisione.

IX

Your drawers

Your drawers are there full of old papers,
They say it's high time you threw them away.
Your boxes are there full of old pictures,
You look at them all almost every day.

You wish you were there on that avenue again,
Still pushing the pram, rocking your grand- children.
But they've grown up, don't need you any more,
Sometimes you're afraid they hardly remember.

Each of them has got a path to follow,
Each of them has got a project to fulfil.
They are going their way and living their lives,
They are trying to give a sense to their strife,

But you perfectly know, at the bottom of their hearts,
Each of them is growing the seeds you've scattered.

IX

Hai cassetti

Hai cassetti pieni di vecchie carte,
Dicono che sarebbe ora che le buttassi.
Hai scatole piene di vecchie foto,
Le guardi quasi ogni giorno.

Vorresti tornare su quel lungomare,
A spingere la carrozzina, cullare i nipotini.
Ma ora sono grandi, non hanno più bisogno di te,
A volte, temi che ti ricordino appena.

Ciascuno ha un sentiero da seguire,
Ciascuno ha un progetto da realizzare.
Prenderanno le loro strade e vivranno la loro vita,
Cercheranno di dare un senso alla loro fatica.

Ma tu sai bene che nel fondo dei loro cuori
Ci sono i semi che tu hai gettato.

X

On that very special day

On that very special day of his life,
Lit up by warm kins and lively school-mates,
Surrounded by the most natural setting,
The kid received lots of enviable gifts.

But while celebrating, what a surprise!
The most relished present at last arrived.
It was a pet and the pick of her name
Immediately became the game of the day.

I don't know what the puppy will be called,
But I know she will definitely work magic:
While spending his time looking after her,
That little child will no longer be the same.

That pet to care for will be important,
That light commitment will make him grow up.

X

In occasione

In occasione di quel giorno speciale,
Festeggiato da parenti affettuosi e vivaci amichetti,
Circondato dal più naturale dei panorami,
Il bambino ricevette molti invidiabili doni.

Ma mentre lo festeggiavano, che gioia!
Alla fine arrivò il regalo più gradito.
Era una cagnolina e la scelta del suo nome
Catturò subito la nostra attenzione.

Io non so come la chiameranno,
Ma quel batuffolo farà un miracolo:
Lui le dedicherà parte del suo tempo e imparerà
Ad assumersi le proprie responsabilità.

Occuparsi di quella cagnolina lo aiuterà,
Giorno dopo giorno, lo farà crescere.

XI

No, you have not been celebrated

No, you have not been celebrated
By any plaques and any memorials.
Nobody has ever given your name
To important houses, streets or squares.

But from that frame over there,
Through those really stunning blue eyes
Stolen from a far away sapphire pond,
You're telling you need no monuments at all.

The way your folks are following their path,
Pursuing their aims in honesty and love
Is the best prize you could ever claim,
After a life of sincere commitment.

The way everyman brings up their kids
Is the best seal before falling asleep.

XI

No, tu non sei stato celebrato

No, tu non sei stato celebrato
Né con targhe né con manifestazioni.
Nessuno ha dato il tuo nome
Ad importanti strade, piazze o palazzi.

Ma da quella foto lassù,
Attraverso quegli splendidi occhi azzurri
Sottratti a qualche miniera di zaffiri,
Ci stai dicendo che non vuoi nessun monumento.

L'onestà, la passione, gli ideali
Che illuminano la vita dei tuoi cari
Sono il premio migliore che tu potessi chiedere,
Dopo una vita di impegno sincero.

L'educazione dei figli è il sigillo
Lasciato dall'uomo prima di addormentarsi.

XII

Who is the old chap

Who is the old chap that every morning
Stares at you from the oval of the mirror,
While you are collecting the energy
To put on the mask you're supposed to wear?

Whose ruffled grey hair are you trying to comb
In the effort to be always the same:
The elegant and cheerful guy they know,
The strong and supporting man we need ?

To hell send that ugly chap who's filling
Your generous heart with sadness, and
Spreading weakness over your healthy bones.
Ignore his vain attempt to stop your fire.

You've still got so many roads to cover,
You cannot accept his hint to rest, yet.

XII

Chi è quel vecchio

Chi è quel vecchio che ogni mattina
Ti guarda dall'ovale dello specchio,
Mentre raccogli le energie che ti servono
Per indossare la maschera che t'hanno assegnato?

Di chi sono i capelli arruffati ai quali cerchi di dare un garbo
Per essere sempre lo stesso:
Il ragazzo elegante e spiritoso che tutti conoscono,
L'uomo forte ed affidabile del quale abbiamo bisogno?

Mandalo al diavolo quel brutto ceffo
Che sta indebolendo le tue forti membra
E riempiendo di tristezza il tuo cuore.
Ignora il suo vano tentativo di spegnere il fuoco.

Hai così tante strade da percorrere,
Che ancora non puoi accettarlo il suo invito.

XIII

My rival

My rival doesn't have long legs and soft lips,
She'll never put on dear sexy pantry
To appeal, to charm my pretty husband
And so take him far from my tender arms.

My rival doesn't walk on elegant heels
Along the crowdy pavements of our streets.
My rival rolls over a soccer pitch,
Or in a basket hanging from a board.

Mum said I woudn't have the right to complain-
I'd always known he was ball-addicted
Since the day I'd met him with his team-mates
And he'd dazzled me with his dangerous gaze.

The truth is that time can muffle many a call,
But not the wild one coming from a ball.

XIII

La mia rivale

La mia rivale non ha gambe lunghe e morbide labbra,
Non indossa costosa biancheria intima
Per attirare, sedurre il mio amante,
E tenerlo così lontano dalle mie tenere braccia.

La mia rivale non passeggia su eleganti tacchi,
Lungo gli affollati marciapiedi delle nostre strade.
La mia rivale rotola su un campo di pallone,
O in un cesto appeso ad un quadrante.

Mia madre me l'aveva detto:
Non avrei mai avuto il diritto di lamentarmi,
Perché lui ha sempre avuto un'ossessione,
Ancor prima di sedurmi con quel suo sguardo pericoloso.

Il tempo può smorzare più di una passione,
Ma non quella di giocare con un pallone.

XIV

There's an intruding lady

There's an intruding lady who every day
Knocks on your door and asks to come in;
You try to explain you'd like to be alone,
But she does insist and invades your home.

From the corner of that grey leather couch,
She starts saying what you should and shouldn't do,
She starts stating what you should and shouldn't say,
To be the perfect woman they always claim.

You listen patiently to her dull voice
And unwillingly keep nodding and smiling,
Waiting for the day you'll find the strength
To stand up, show the door and turn her out.

One day'll come and you'll be humble enough
To admit you are no longer that tough.

XIV

C'è una signora indiscreta

C'è una signora indiscreta che ogni giorno
Bussa alla tua porta e ti chiede di entrare;
Tu cerchi di spiegare che vorresti stare sola,
Ma lei insiste e ti invade la casa.

Dall'angolo di quel divano in pelle grigia,
Comincia a suggerirti cosa dovresti e non dovresti fare,
Comincia a stabilire cosa dovresti e non dovresti dire,
Per essere la donna perfetta che tutti vogliono incontrare.

Tu ascolti pazientemente la sua monotona voce
E controvoglia annuisci e sorridi,
Aspettando il momento in cui avrai la forza
Di alzarti e indicarle la porta.

Verrà alla fine il giorno in cui sarai abbastanza umile
Da ammettere di non essere più una dura.

XV

Some people

Some people mark your mind with their sharp eyes,
They are simply able to bend your will-
In front of them you could never cheat,
And you feel as taken under a spell.

Others have got convincing velvet voices,
Which lead you to do anything they want,
Their talks always sound like sweetest music-
You would never stop listening to them.

Last Sunday, while attending the service,
My sight was trapped by two knotty square hands,
And my thought went to our Granny Mary,
Always in love with fatigue and never still.

Ordinary people call them flashbacks,
To me they'll always be diamonds, bright diamonds.

XV

C'è gente

C'è gente che ti incanta con gli occhi
E si impossessa della tua volontà;
Di fronte a certe persone non sai fingere,
Sei come preda di un incantesimo.

A volte hanno convincenti voci di velluto,
Capaci di condizionare il tuo comportamento,
I loro discorsi sono come musica,
Non smetteresti mai di ascoltarli.

Domenica scorsa, in chiesa, il mio sguardo
E' stato rapito da due grandi mani nodose:
Ho pensato alla nonna Maria,
Sempre innamorata della fatica e mai inoperosa.

La gente comune li chiama flashback,
Per me saranno sempre diamanti, fulgidi diamanti.

XVI

When you feel your time

When you feel your time slipping off your hands,
You'll just have one choice not to go mad:
Yielding to gloom or sitting down to write
And grant yourself the chance to stop the scythe.

To stop the scythe of the zealous farmer
That's cutting the grass in your manor yard,
To stop the wheels of the cruel bulldozer
That's crushing the shells there on the shore.

If they ask you to read the lines you like most,
You'll tell them you haven't made them up yet.
The ones that are still waiting in your pen
Are the sweetest you'll ever give life to.

The best slides in your life haven't yet been shot,
And you're eagerly waiting to show them all.

XVI

Quando senti che il tempo

Quando senti che il tempo ti scivola dalle mani,
Hai una sola scelta per non impazzire:
O cedi alla tristezza,
O ti siedi a scrivere per fermare la falce.

Fermare la falce del giardiniere zelante
Che sta tagliando l'erba nel tuo cortile,
Fermare l'arrivo del crudele bulldozer
Che sta schiacciando le conchiglie sulla riva.

E se ti chiederanno di leggere i versi che prediligi,
Dirai che non li hai ancora composti.
Le poesie più dolci sono quelle
Che stanno aspettando di essere scritte.

Le foto più belle della tua vita non sono state ancora scattate,
E tu non vedi l'ora di mostrarle, tutte.

RINGRAZIAMENTI

L'autrice ringrazia le amiche:
M.Grazia Coccoluto,
Sandra Di Vito,
Catherine Martin,
Minnuccia Scialdone,
Annalba Tew,
per i preziosi consigli.

ACKNOWLEDGEMENTS

The author thanks her friends:
M.Grazia Coccoluto,
Sandra Di Vito,
Catherine Martin,
Minnuccia Scialdone,
Annalba Tew,
for their precious tips.

INDEX

INDICE

Finito di stampare nel mese di Novembre 2017
per conto di Youcanprint *Self-Publishing*

Made in the USA
Monee, IL
07 July 2026

56552322R00080